ANNE GEDDES
DATEBOOK

2003

2003

JANUARY

S	M	T	W	T	F	S
			1	2	3	4
5	6	7	8	9	10	11
12	13	14	15	16	17	18
19	20	21	22	23	24	25
26	27	28	29	30	31	

FEBRUARY

S	M	T	W	T	F	S
						1
2	3	4	5	6	7	8
9	10	11	12	13	14	15
16	17	18	19	20	21	22
23	24	25	26	27	28	

MARCH

S	M	T	W	T	F	S
						1
2	3	4	5	6	7	8
9	10	11	12	13	14	15
16	17	18	19	20	21	22
23	24	25	26	27	28	29
30	31					

APRIL

S	M	T	W	T	F	S
		1	2	3	4	5
6	7	8	9	10	11	12
13	14	15	16	17	18	19
20	21	22	23	24	25	26
27	28	29	30			

MAY

S	M	T	W	T	F	S
				1	2	3
4	5	6	7	8	9	10
11	12	13	14	15	16	17
18	19	20	21	22	23	24
25	26	27	28	29	30	31

JUNE

S	M	T	W	T	F	S
1	2	3	4	5	6	7
8	9	10	11	12	13	14
15	16	17	18	19	20	21
22	23	24	25	26	27	28
29	30					

JULY

S	M	T	W	T	F	S
		1	2	3	4	5
6	7	8	9	10	11	12
13	14	15	16	17	18	19
20	21	22	23	24	25	26
27	28	29	30	31		

AUGUST

S	M	T	W	T	F	S
					1	2
3	4	5	6	7	8	9
10	11	12	13	14	15	16
17	18	19	20	21	22	23
24	25	26	27	28	29	30
31						

SEPTEMBER

S	M	T	W	T	F	S
	1	2	3	4	5	6
7	8	9	10	11	12	13
14	15	16	17	18	19	20
21	22	23	24	25	26	27
28	29	30				

OCTOBER

S	M	T	W	T	F	S
			1	2	3	4
5	6	7	8	9	10	11
12	13	14	15	16	17	18
19	20	21	22	23	24	25
26	27	28	29	30	31	

NOVEMBER

S	M	T	W	T	F	S
						1
2	3	4	5	6	7	8
9	10	11	12	13	14	15
16	17	18	19	20	21	22
23	24	25	26	27	28	29
30						

DECEMBER

S	M	T	W	T	F	S
	1	2	3	4	5	6
7	8	9	10	11	12	13
14	15	16	17	18	19	20
21	22	23	24	25	26	27
28	29	30	31			

DECEMBER / JANUARY

29 Sunday

30 Monday

31 Tuesday

1 Wednesday

New Year's Day
Kwanzaa ends

2 Thursday

3 Friday

4 Saturday

JANUARY

S	M	T	W	T	F	S
			1	2	3	4
5	6	7	8	9	10	11
12	13	14	15	16	17	18
19	20	21	22	23	24	25
26	27	28	29	30	31	

JANUARY

5 Sunday

6 Monday

7 Tuesday

8 Wednesday

9 Thursday

10 Friday

11 Saturday

JANUARY

S	M	T	W	T	F	S
			1	2	3	4
5	6	7	8	9	10	11
12	13	14	15	16	17	18
19	20	21	22	23	24	25
26	27	28	29	30	31	

J A N U A R Y

Sunday 12

Monday 13

Tuesday 14

Wednesday 15

Thursday 16

Friday 17

J A N U A R Y

S	M	T	W	T	F	S
			1	2	3	4
5	6	7	8	9	10	11
12	13	14	15	16	17	18
19	20	21	22	23	24	25
26	27	28	29	30	31	

Saturday 18

19 Sunday

20 Monday

Martin Luther King Jr.'s Birthday (observed)

21 Tuesday

22 Wednesday

23 Thursday

24 Friday

25 Saturday

JANUARY

S	M	T	W	T	F	S
			1	2	3	4
5	6	7	8	9	10	11
12	13	14	15	16	17	18
19	20	21	22	23	24	25
26	27	28	29	30	31	

Farin, Anais & Samira

JANUARY / FEBRUARY

26 Sunday

27 Monday

28 Tuesday

29 Wednesday

30 Thursday

31 Friday

1 Saturday

JANUARY

S	M	T	W	T	F	S
			1	2	3	4
5	6	7	8	9	10	11
12	13	14	15	16	17	18
19	20	21	22	23	24	25
26	27	28	29	30	31	

FEBRUARY

Sunday 2
Groundhog Day

Monday 3

Tuesday 4

Wednesday 5

Thursday 6

Friday 7

Saturday 8

FEBRUARY

S	M	T	W	T	F	S
						1
2	3	4	5	6	7	8
9	10	11	12	13	14	15
16	17	18	19	20	21	22
23	24	25	26	27	28	

(following page) Marcus, Gibson & Isabella

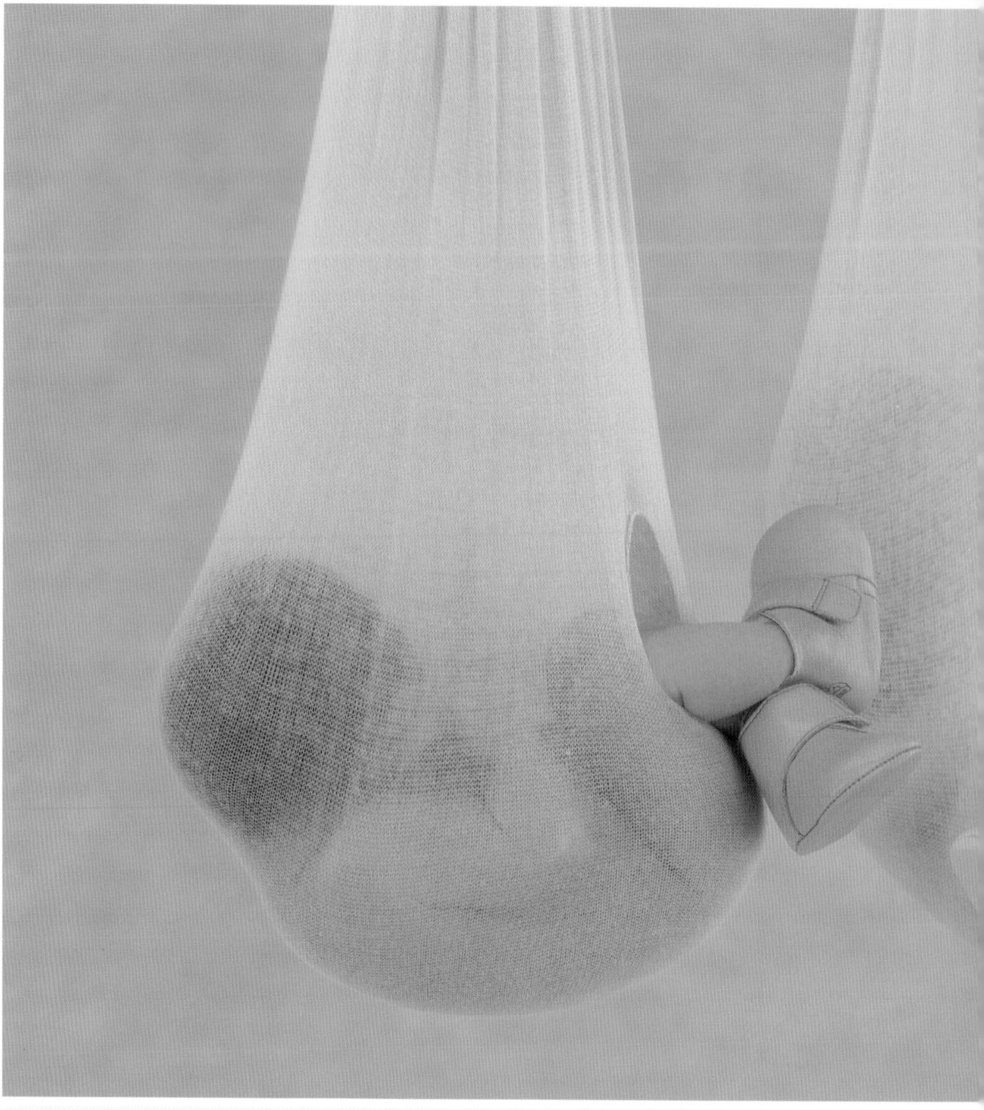

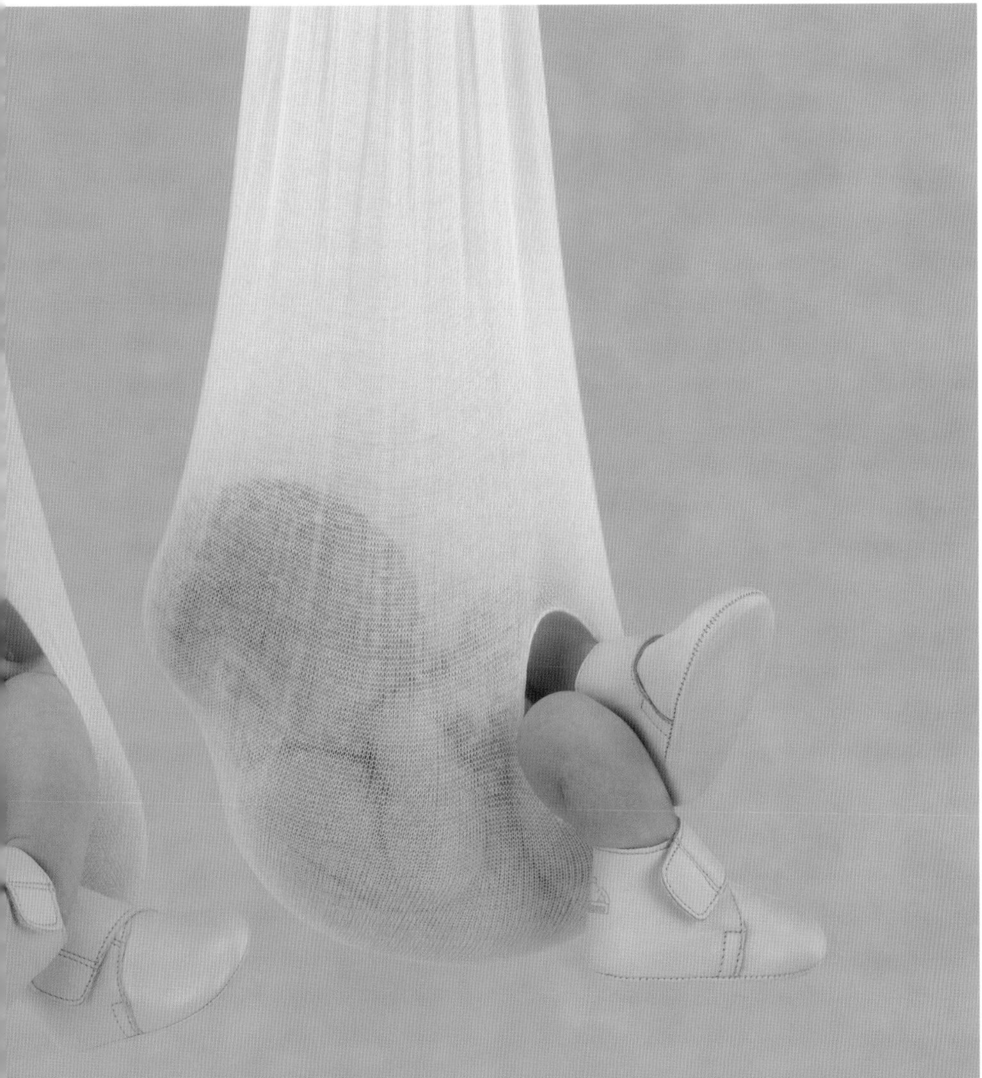

FEBRUARY

9 Sunday

10 Monday

11 Tuesday

12 Wednesday

13 Thursday

14 Friday
Valentine's Day

15 Saturday

FEBRUARY

S	M	T	W	T	F	S
						1
2	3	4	5	6	7	8
9	10	11	12	13	14	15
16	17	18	19	20	21	22
23	24	25	26	27	28	

FEBRUARY

Sunday 16

Monday 17
Presidents' Day

Tuesday 18

Wednesday 19

Thursday 20

Friday 21

Saturday 22

FEBRUARY

S	M	T	W	T	F	S
						1
2	3	4	5	6	7	8
9	10	11	12	13	14	15
16	17	18	19	20	21	22
23	24	25	26	27	28	

FEBRUARY / MARCH

23 Sunday

24 Monday

25 Tuesday

26 Wednesday

27 Thursday

28 Friday

1 Saturday

MARCH

S	M	T	W	T	F	S
						1
2	3	4	5	6	7	8
9	10	11	12	13	14	15
16	17	18	19	20	21	22
23	24	25	26	27	28	29
30	31					

ANNE GEDDES

MARCH

2 Sunday

3 Monday

4 Tuesday

5 Wednesday

Ash Wednesday

6 Thursday

7 Friday

8 Saturday

MARCH

S	M	T	W	T	F	S
						1
2	3	4	5	6	7	8
9	10	11	12	13	14	15
16	17	18	19	20	21	22
23	24	25	26	27	28	29
30	31					

MARCH

Sunday 9

Monday 10

Tuesday 11

Wednesday 12

Thursday 13

Friday 14

Saturday 15

MARCH

S	M	T	W	T	F	S
						1
2	3	4	5	6	7	8
9	10	11	12	13	14	15
16	17	18	19	20	21	22
23	24	25	26	27	28	29
30	31					

(following page) Leon, Summer, Maria, Juliet, Benjamin & Declan

MARCH

16 Sunday

17 Monday

St. Patrick's Day

18 Tuesday

Purim

19 Wednesday

20 Thursday

21 Friday

22 Saturday

MARCH

S	M	T	W	T	F	S
						1
2	3	4	5	6	7	8
9	10	11	12	13	14	15
16	17	18	19	20	21	22
23	24	25	26	27	28	29
30	31					

MARCH

Sunday 23

Monday 24

Tuesday 25

Wednesday 26

Thursday 27

Friday 28

Saturday 29

MARCH

S	M	T	W	T	F	S
						1
2	3	4	5	6	7	8
9	10	11	12	13	14	15
16	17	18	19	20	21	22
23	24	25	26	27	28	29
30	31					

30 Sunday

31 Monday

1 Tuesday

2 Wednesday

3 Thursday

4 Friday

5 Saturday

APRIL

S	M	T	W	T	F	S
		1	2	3	4	5
6	7	8	9	10	11	12
13	14	15	16	17	18	19
20	21	22	23	24	25	26
27	28	29	30			

Allie, Breanna, Cutter, Dylan, Keerthiharan, Michael, Mihi ki te Kapua, Olivia, Robbie, Sasha, Valentina, Zaine & Zayden

6 Sunday

7 Monday

8 Tuesday

9 Wednesday

10 Thursday

11 Friday

12 Saturday

APRIL

S	M	T	W	T	F	S
		1	2	3	4	5
6	7	8	9	10	11	12
13	14	15	16	17	18	19
20	21	22	23	24	25	26
27	28	29	30			

APRIL

Sunday 13
Palm Sunday

Monday 14

Tuesday 15

Wednesday 16

Thursday 17
Passover

Friday 18
Good Friday (Western)

Saturday 19

APRIL

S	M	T	W	T	F	S
		1	2	3	4	5
6	7	8	9	10	11	12
13	14	15	16	17	18	19
20	21	22	23	24	25	26
27	28	29	30			

20 Sunday

Easter (Western)

21 Monday

Easter Monday (Canada)

22 Tuesday

23 Wednesday

24 Thursday

25 Friday

Good Friday (Orthodox)

26 Saturday

APRIL

S	M	T	W	T	F	S
		1	2	3	4	5
6	7	8	9	10	11	12
13	14	15	16	17	18	19
20	21	22	23	24	25	26
27	28	29	30			

27 Sunday

Easter (Orthodox)

28 Monday

29 Tuesday

30 Wednesday

1 Thursday

2 Friday

3 Saturday

M A Y

S	M	T	W	T	F	S
				1	2	3
4	5	6	7	8	9	10
11	12	13	14	15	16	17
18	19	20	21	22	23	24
25	26	27	28	29	30	31

Shauna, Hannah & Samantha

4 Sunday

5 Monday

6 Tuesday

7 Wednesday

8 Thursday

9 Friday

10 Saturday

MAY

S	M	T	W	T	F	S
				1	2	3
4	5	6	7	8	9	10
11	12	13	14	15	16	17
18	19	20	21	22	23	24
25	26	27	28	29	30	31

M A Y

Sunday 11
Mother's Day

Monday 12

Tuesday 13

Wednesday 14

Thursday 15

Friday 16

Saturday 17
Armed Forces Day

M A Y

S	M	T	W	T	F	S
				1	2	3
4	5	6	7	8	9	10
11	12	13	14	15	16	17
18	19	20	21	22	23	24
25	26	27	28	29	30	31

(following page) Kivahn, Isabella, Digby, John, Ben, Alexandra, Meg & Michael

18 Sunday

19 Monday

Victoria Day (Canada)

20 Tuesday

21 Wednesday

22 Thursday

23 Friday

24 Saturday

MAY

S	M	T	W	T	F	S
				1	2	3
4	5	6	7	8	9	10
11	12	13	14	15	16	17
18	19	20	21	22	23	24
25	26	27	28	29	30	31

M A Y

Sunday 25

Monday 26

Memorial Day

Tuesday 27

Wednesday 28

Thursday 29

Friday 30

Saturday 31

M A Y						
S	M	T	W	T	F	S
				1	2	3
4	5	6	7	8	9	10
11	12	13	14	15	16	17
18	19	20	21	22	23	24
25	26	27	28	29	30	31

JUNE

1 Sunday

2 Monday

3 Tuesday

4 Wednesday

5 Thursday

6 Friday

7 Saturday

JUNE

S	M	T	W	T	F	S
1	2	3	4	5	6	7
8	9	10	11	12	13	14
15	16	17	18	19	20	21
22	23	24	25	26	27	28
29	30					

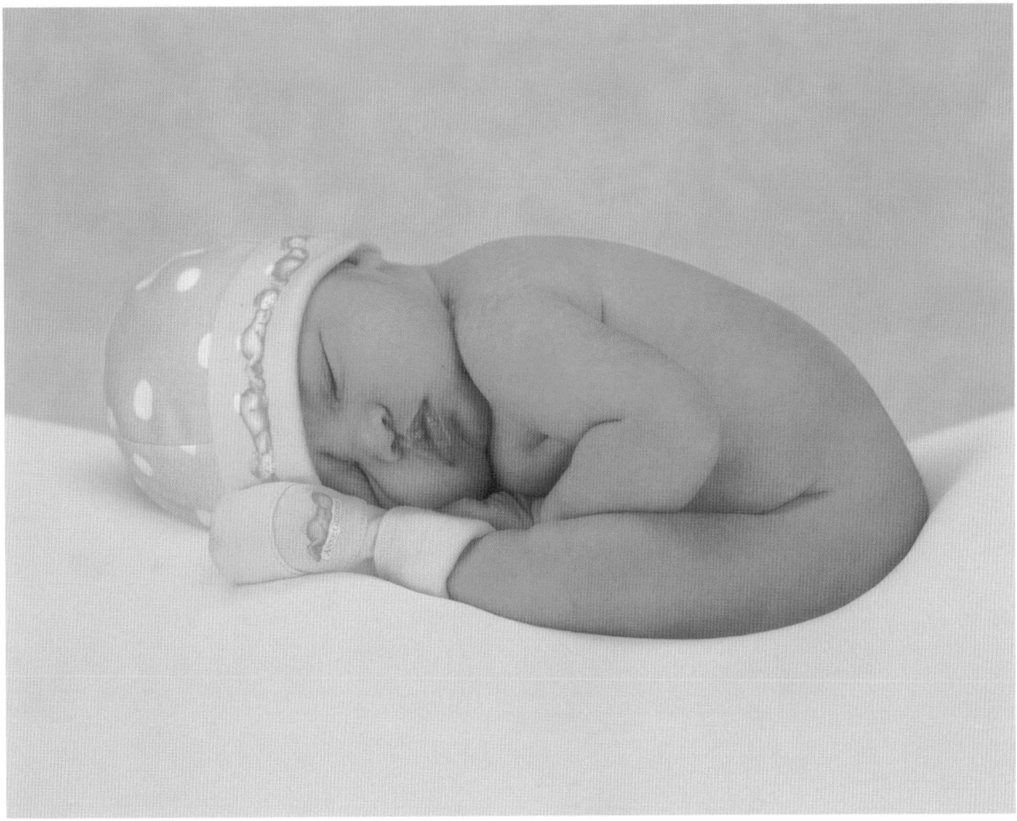

8 Sunday

9 Monday

10 Tuesday

11 Wednesday

12 Thursday

13 Friday

14 Saturday

Flag Day

JUNE

S	M	T	W	T	F	S
1	2	3	4	5	6	7
8	9	10	11	12	13	14
15	16	17	18	19	20	21
22	23	24	25	26	27	28
29	30					

J U N E

Sunday 15
Father's Day

Monday 16

Tuesday 17

Wednesday 18

Thursday 19

Friday 20

J U N E

S	M	T	W	T	F	S
1	2	3	4	5	6	7
8	9	10	11	12	13	14
15	16	17	18	19	20	21
22	23	24	25	26	27	28
29	30					

Saturday 21

22 Sunday

23 Monday

24 Tuesday

25 Wednesday

26 Thursday

27 Friday

28 Saturday

JUNE

S	M	T	W	T	F	S
1	2	3	4	5	6	7
8	9	10	11	12	13	14
15	16	17	18	19	20	21
22	23	24	25	26	27	28
29	30					

29 Sunday

30 Monday

1 Tuesday

Canada Day

2 Wednesday

3 Thursday

4 Friday

Independence Day

5 Saturday

JULY

S	M	T	W	T	F	S
		1	2	3	4	5
6	7	8	9	10	11	12
13	14	15	16	17	18	19
20	21	22	23	24	25	26
27	28	29	30	31		

JULY

6 Sunday

7 Monday

8 Tuesday

9 Wednesday

10 Thursday

11 Friday

12 Saturday

JULY

S	M	T	W	T	F	S
		1	2	3	4	5
6	7	8	9	10	11	12
13	14	15	16	17	18	19
20	21	22	23	24	25	26
27	28	29	30	31		

J U L Y

Sunday 13

Monday 14

Tuesday 15

Wednesday 16

Thursday 17

Friday 18

J U L Y

S	M	T	W	T	F	S
		1	2	3	4	5
6	7	8	9	10	11	12
13	14	15	16	17	18	19
20	21	22	23	24	25	26
27	28	29	30	31		

Saturday 19

20 Sunday

21 Monday

22 Tuesday

23 Wednesday

24 Thursday

25 Friday

26 Saturday

JULY

S	M	T	W	T	F	S
		1	2	3	4	5
6	7	8	9	10	11	12
13	14	15	16	17	18	19
20	21	22	23	24	25	26
27	28	29	30	31		

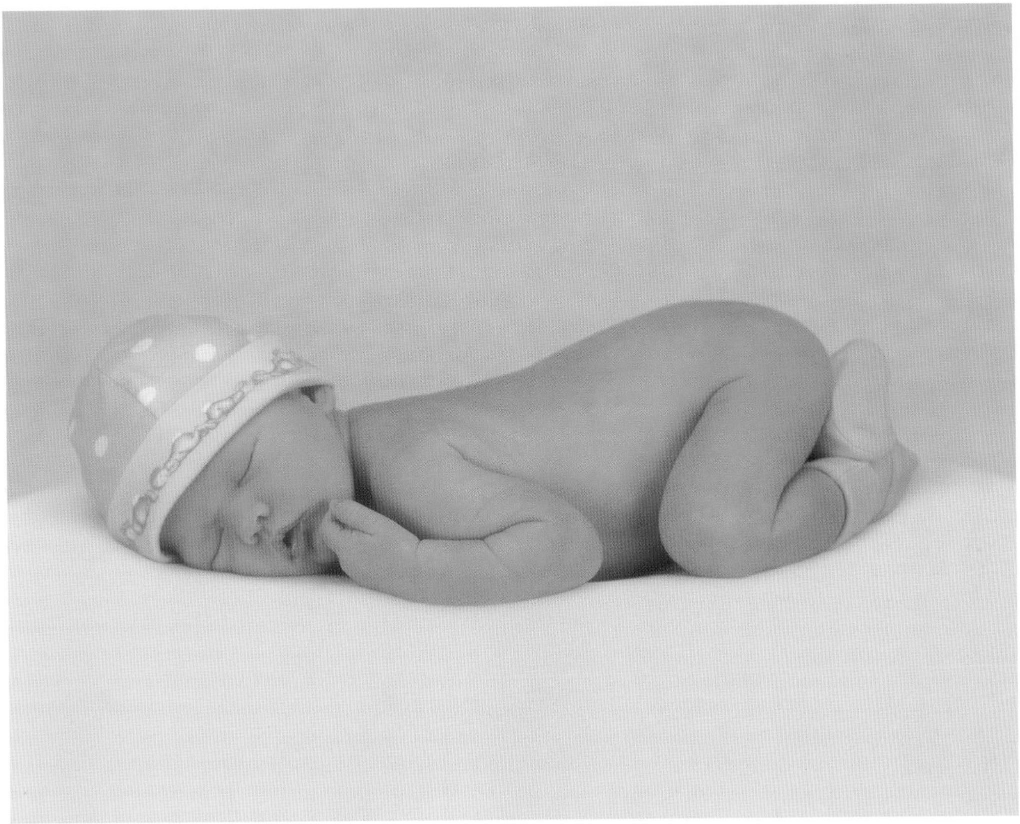

27 Sunday

28 Monday

29 Tuesday

30 Wednesday

31 Thursday

1 Friday

2 Saturday

AUGUST

S	M	T	W	T	F	S
					1	2
3	4	5	6	7	8	9
10	11	12	13	14	15	16
17	18	19	20	21	22	23
24	25	26	27	28	29	30
31						

AUGUST

3 Sunday

4 Monday

5 Tuesday

6 Wednesday

7 Thursday

8 Friday

9 Saturday

AUGUST

S	M	T	W	T	F	S
					1	2
3	4	5	6	7	8	9
10	11	12	13	14	15	16
17	18	19	20	21	22	23
24	25	26	27	28	29	30
31						

AUGUST

Sunday 10

Monday 11

Tuesday 12

Wednesday 13

Thursday 14

Friday 15

Saturday 16

AUGUST

S	M	T	W	T	F	S
					1	2
3	4	5	6	7	8	9
10	11	12	13	14	15	16
17	18	19	20	21	22	23
24	25	26	27	28	29	30
31						

(following page) Georgia, Marcus & Carlos

17 Sunday

18 Monday

19 Tuesday

20 Wednesday

21 Thursday

22 Friday

23 Saturday

AUGUST

S	M	T	W	T	F	S
					1	2
3	4	5	6	7	8	9
10	11	12	13	14	15	16
17	18	19	20	21	22	23
24	25	26	27	28	29	30
31						

A U G U S T

Sunday 24

Monday 25

Tuesday 26

Wednesday 27

Thursday 28

Friday 29

Saturday 30

A U G U S T

S	M	T	W	T	F	S
					1	2
3	4	5	6	7	8	9
10	11	12	13	14	15	16
17	18	19	20	21	22	23
24	25	26	27	28	29	30
31						

AUGUST / SEPTEMBER

31 Sunday

1 Monday
Labor Day

2 Tuesday

3 Wednesday

4 Thursday

5 Friday

6 Saturday

SEPTEMBER

S	M	T	W	T	F	S
	1	2	3	4	5	6
7	8	9	10	11	12	13
14	15	16	17	18	19	20
21	22	23	24	25	26	27
28	29	30				

Georgina

ANNE GEDDES

SEPTEMBER

7 Sunday

8 Monday

9 Tuesday

10 Wednesday

11 Thursday

12 Friday

13 Saturday

SEPTEMBER

S	M	T	W	T	F	S
	1	2	3	4	5	6
7	8	9	10	11	12	13
14	15	16	17	18	19	20
21	22	23	24	25	26	27
28	29	30				

SEPTEMBER

Sunday 14

Monday 15

Tuesday 16

Wednesday 17

Thursday 18

Friday 19

SEPTEMBER

S	M	T	W	T	F	S
	1	2	3	4	5	6
7	8	9	10	11	12	13
14	15	16	17	18	19	20
21	22	23	24	25	26	27
28	29	30				

Saturday 20

21 Sunday

22 Monday

23 Tuesday

24 Wednesday

25 Thursday

26 Friday

27 Saturday

Rosh Hashanah

SEPTEMBER

S	M	T	W	T	F	S
	1	2	3	4	5	6
7	8	9	10	11	12	13
14	15	16	17	18	19	20
21	22	23	24	25	26	27
28	29	30				

Aimee

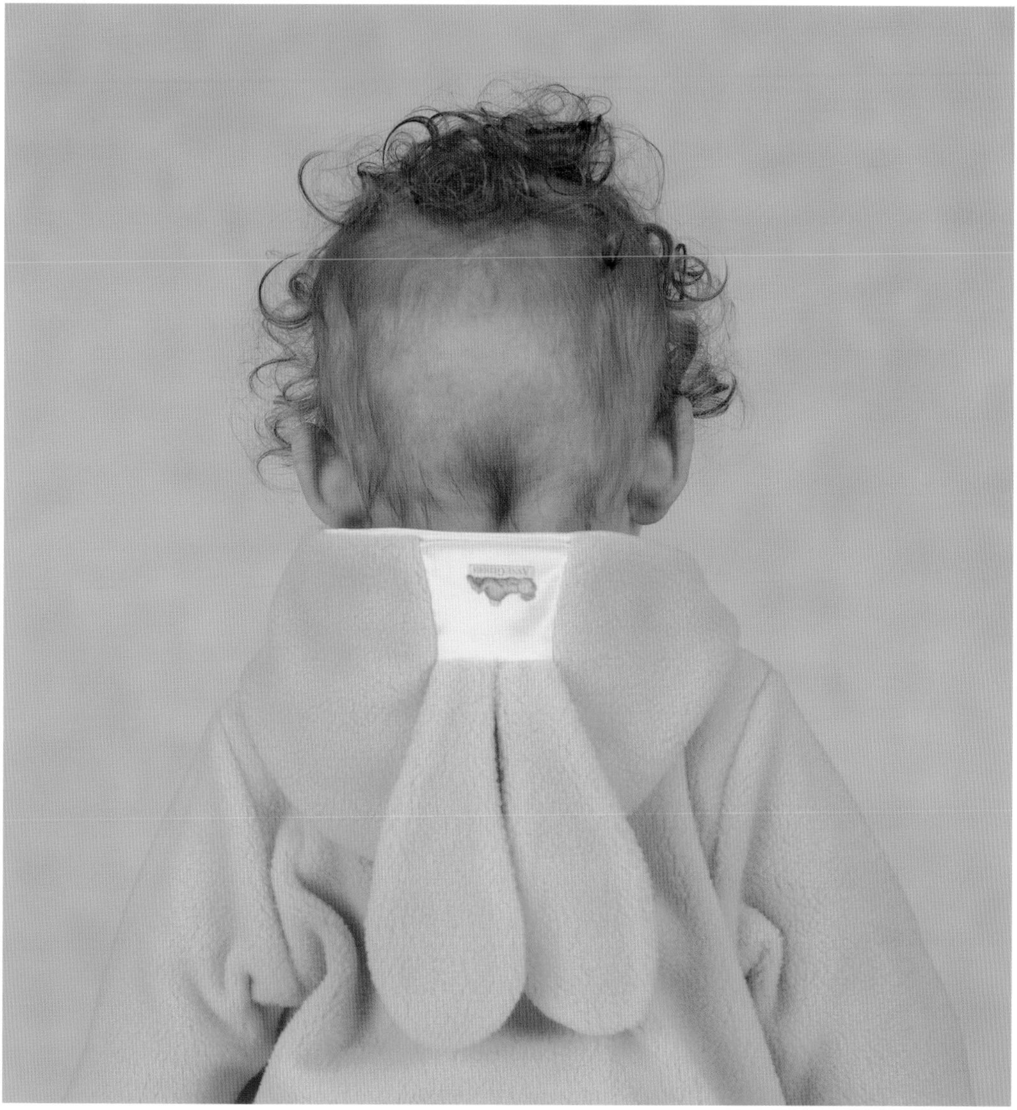

SEPTEMBER/OCTOBER

28 Sunday

29 Monday

30 Tuesday

1 Wednesday

2 Thursday

3 Friday

4 Saturday

SEPTEMBER

S	M	T	W	T	F	S
	1	2	3	4	5	6
7	8	9	10	11	12	13
14	15	16	17	18	19	20
21	22	23	24	25	26	27
28	29	30				

OCTOBER

Sunday 5

Monday 6
Yom Kippur

Tuesday 7

Wednesday 8

Thursday 9

Friday 10

Saturday 11

OCTOBER

S	M	T	W	T	F	S
			1	2	3	4
5	6	7	8	9	10	11
12	13	14	15	16	17	18
19	20	21	22	23	24	25
26	27	28	29	30	31	

(following page) Michael, Meg, Ben, Alexandra & Kivahn

OCTOBER

12 Sunday

13 Monday

Columbus Day
Thanksgiving (Canada)

14 Tuesday

15 Wednesday

16 Thursday

17 Friday

18 Saturday

OCTOBER

S	M	T	W	T	F	S
			1	2	3	4
5	6	7	8	9	10	11
12	13	14	15	16	17	18
19	20	21	22	23	24	25
26	27	28	29	30	31	

OCTOBER

Sunday 19

Monday 20

Tuesday 21

Wednesday 22

Thursday 23

Friday 24

Saturday 25

OCTOBER

S	M	T	W	T	F	S
			1	2	3	4
5	6	7	8	9	10	11
12	13	14	15	16	17	18
19	20	21	22	23	24	25
26	27	28	29	30	31	

O C T O B E R / N O V E M B E R

26 Sunday

27 Monday

28 Tuesday

29 Wednesday

30 Thursday

31 Friday

Halloween

1 Saturday

OCTOBER

S	M	T	W	T	F	S
			1	2	3	4
5	6	7	8	9	10	11
12	13	14	15	16	17	18
19	20	21	22	23	24	25
26	27	28	29	30	31	

Stella, Ashleigh & Zeke

ANNE GEDDES

NOVEMBER

2 Sunday

3 Monday

4 Tuesday

Election Day

5 Wednesday

6 Thursday

7 Friday

8 Saturday

NOVEMBER

S	M	T	W	T	F	S
						1
2	3	4	5	6	7	8
9	10	11	12	13	14	15
16	17	18	19	20	21	22
23	24	25	26	27	28	29
30						

NOVEMBER

Sunday 9

Monday 10

Tuesday 11

Veterans' Day
Remembrance Day (Canada)

Wednesday 12

Thursday 13

Friday 14

Saturday 15

NOVEMBER						
S	M	T	W	T	F	S
						1
2	3	4	5	6	7	8
9	10	11	12	13	14	15
16	17	18	19	20	21	22
23	24	25	26	27	28	29
30						

(following page) Michael

16 Sunday

17 Monday

18 Tuesday

19 Wednesday

20 Thursday

21 Friday

22 Saturday

NOVEMBER

S	M	T	W	T	F	S
						1
2	3	4	5	6	7	8
9	10	11	12	13	14	15
16	17	18	19	20	21	22
23	24	25	26	27	28	29
30						

NOVEMBER

Sunday 23

Monday 24

Tuesday 25

Wednesday 26

Thursday 27

Thanksgiving

Friday 28

NOVEMBER

S	M	T	W	T	F	S
						1
2	3	4	5	6	7	8
9	10	11	12	13	14	15
16	17	18	19	20	21	22
23	24	25	26	27	28	29
30						

Saturday 29

NOVEMBER / DECEMBER

30 Sunday

1 Monday

2 Tuesday

3 Wednesday

4 Thursday

5 Friday

6 Saturday

DECEMBER

S	M	T	W	T	F	S
	1	2	3	4	5	6
7	8	9	10	11	12	13
14	15	16	17	18	19	20
21	22	23	24	25	26	27
28	29	30	31			

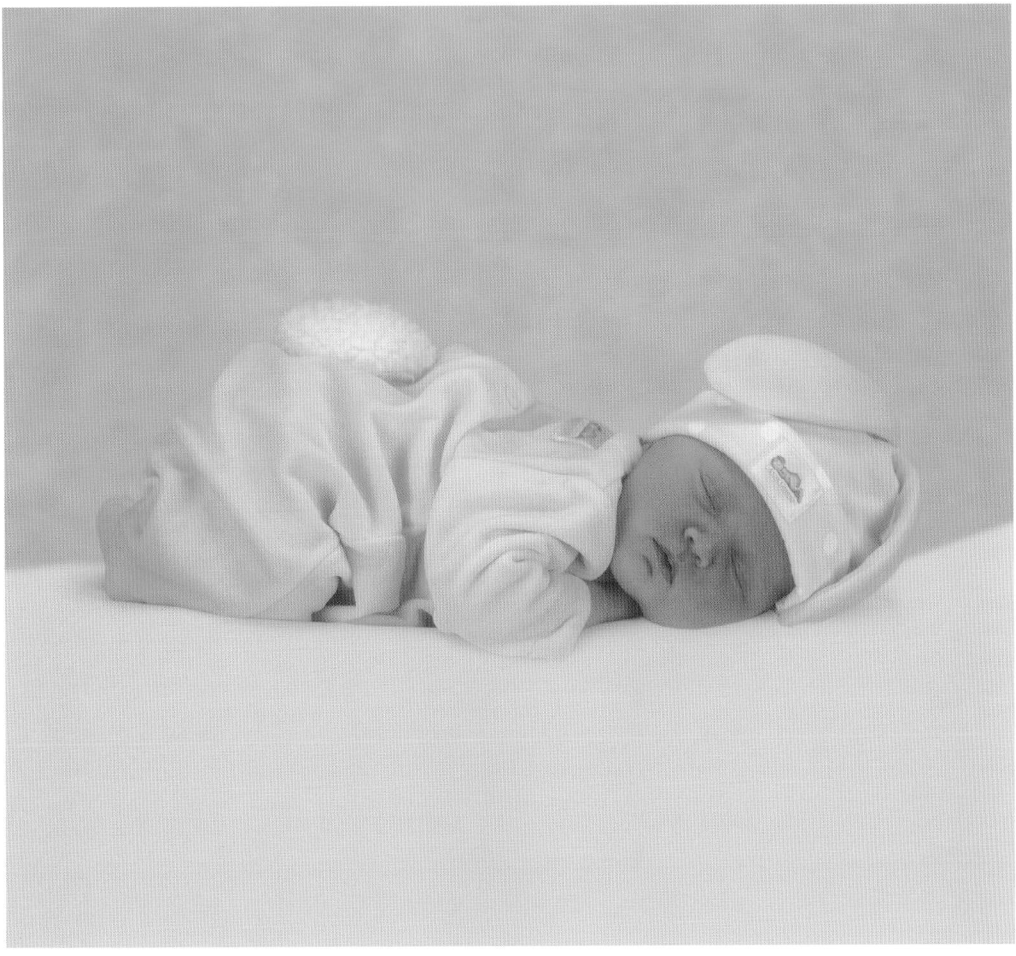

7 Sunday

8 Monday

9 Tuesday

10 Wednesday

11 Thursday

12 Friday

13 Saturday

DECEMBER

S	M	T	W	T	F	S
	1	2	3	4	5	6
7	8	9	10	11	12	13
14	15	16	17	18	19	20
21	22	23	24	25	26	27
28	29	30	31			

DECEMBER

Sunday 14

Monday 15

Tuesday 16

Wednesday 17

Thursday 18

Friday 19

DECEMBER

S	M	T	W	T	F	S
	1	2	3	4	5	6
7	8	9	10	11	12	13
14	15	16	17	18	19	20
21	22	23	24	25	26	27
28	29	30	31			

Saturday 20

Hanukkah

21 Sunday

22 Monday

23 Tuesday

24 Wednesday

25 Thursday

Christmas

26 Friday

Kwanzaa begins
Boxing Day (Canada)

27 Saturday

DECEMBER

S	M	T	W	T	F	S
	1	2	3	4	5	6
7	8	9	10	11	12	13
14	15	16	17	18	19	20
21	22	23	24	25	26	27
28	29	30	31			

DECEMBER/JANUARY

28 Sunday

29 Monday

30 Tuesday

31 Wednesday

1 Thursday

New Year's Day
Kwanzaa ends

2 Friday

3 Saturday

DECEMBER

S	M	T	W	T	F	S
	1	2	3	4	5	6
7	8	9	10	11	12	13
14	15	16	17	18	19	20
21	22	23	24	25	26	27
28	29	30	31			

2004

JANUARY

S	M	T	W	T	F	S
				1	2	3
4	5	6	7	8	9	10
11	12	13	14	15	16	17
18	19	20	21	22	23	24
25	26	27	28	29	30	31

FEBRUARY

S	M	T	W	T	F	S
1	2	3	4	5	6	7
8	9	10	11	12	13	14
15	16	17	18	19	20	21
22	23	24	25	26	27	28
29						

MARCH

S	M	T	W	T	F	S
	1	2	3	4	5	6
7	8	9	10	11	12	13
14	15	16	17	18	19	20
21	22	23	24	25	26	27
28	29	30	31			

APRIL

S	M	T	W	T	F	S
				1	2	3
4	5	6	7	8	9	10
11	12	13	14	15	16	17
18	19	20	21	22	23	24
25	26	27	28	29	30	

MAY

S	M	T	W	T	F	S
						1
2	3	4	5	6	7	8
9	10	11	12	13	14	15
16	17	18	19	20	21	22
23	24	25	26	27	28	29
30	31					

JUNE

S	M	T	W	T	F	S
		1	2	3	4	5
6	7	8	9	10	11	12
13	14	15	16	17	18	19
20	21	22	23	24	25	26
27	28	29	30			

JULY

S	M	T	W	T	F	S
				1	2	3
4	5	6	7	8	9	10
11	12	13	14	15	16	17
18	19	20	21	22	23	24
25	26	27	28	29	30	31

AUGUST

S	M	T	W	T	F	S
1	2	3	4	5	6	7
8	9	10	11	12	13	14
15	16	17	18	19	20	21
22	23	24	25	26	27	28
29	30	31				

SEPTEMBER

S	M	T	W	T	F	S
			1	2	3	4
5	6	7	8	9	10	11
12	13	14	15	16	17	18
19	20	21	22	23	24	25
26	27	28	29	30		

OCTOBER

S	M	T	W	T	F	S
					1	2
3	4	5	6	7	8	9
10	11	12	13	14	15	16
17	18	19	20	21	22	23
24	25	26	27	28	29	30
31						

NOVEMBER

S	M	T	W	T	F	S
	1	2	3	4	5	6
7	8	9	10	11	12	13
14	15	16	17	18	19	20
21	22	23	24	25	26	27
28	29	30				

DECEMBER

S	M	T	W	T	F	S
			1	2	3	4
5	6	7	8	9	10	11
12	13	14	15	16	17	18
19	20	21	22	23	24	25
26	27	28	29	30	31	

2005

JANUARY

S	M	T	W	T	F	S
						1
2	3	4	5	6	7	8
9	10	11	12	13	14	15
16	17	18	19	20	21	22
23	24	25	26	27	28	29
30	31					

FEBRUARY

S	M	T	W	T	F	S
		1	2	3	4	5
6	7	8	9	10	11	12
13	14	15	16	17	18	19
20	21	22	23	24	25	26
27	28					

MARCH

S	M	T	W	T	F	S
		1	2	3	4	5
6	7	8	9	10	11	12
13	14	15	16	17	18	19
20	21	22	23	24	25	26
27	28	29	30	31		

APRIL

S	M	T	W	T	F	S
					1	2
3	4	5	6	7	8	9
10	11	12	13	14	15	16
17	18	19	20	21	22	23
24	25	26	27	28	29	30

MAY

S	M	T	W	T	F	S
1	2	3	4	5	6	7
8	9	10	11	12	13	14
15	16	17	18	19	20	21
22	23	24	25	26	27	28
29	30	31				

JUNE

S	M	T	W	T	F	S
			1	2	3	4
5	6	7	8	9	10	11
12	13	14	15	16	17	18
19	20	21	22	23	24	25
26	27	28	29	30		

JULY

S	M	T	W	T	F	S
					1	2
3	4	5	6	7	8	9
10	11	12	13	14	15	16
17	18	19	20	21	22	23
24	25	26	27	28	29	30
31						

AUGUST

S	M	T	W	T	F	S
	1	2	3	4	5	6
7	8	9	10	11	12	13
14	15	16	17	18	19	20
21	22	23	24	25	26	27
28	29	30	31			

SEPTEMBER

S	M	T	W	T	F	S
				1	2	3
4	5	6	7	8	9	10
11	12	13	14	15	16	17
18	19	20	21	22	23	24
25	26	27	28	29	30	

OCTOBER

S	M	T	W	T	F	S
						1
2	3	4	5	6	7	8
9	10	11	12	13	14	15
16	17	18	19	20	21	22
23	24	25	26	27	28	29
30	31					

NOVEMBER

S	M	T	W	T	F	S
		1	2	3	4	5
6	7	8	9	10	11	12
13	14	15	16	17	18	19
20	21	22	23	24	25	26
27	28	29	30			

DECEMBER

S	M	T	W	T	F	S
				1	2	3
4	5	6	7	8	9	10
11	12	13	14	15	16	17
18	19	20	21	22	23	24
25	26	27	28	29	30	31

2006

JANUARY

S	M	T	W	T	F	S
1	2	3	4	5	6	7
8	9	10	11	12	13	14
15	16	17	18	19	20	21
22	23	24	25	26	27	28
29	30	31				

FEBRUARY

S	M	T	W	T	F	S
			1	2	3	4
5	6	7	8	9	10	11
12	13	14	15	16	17	18
19	20	21	22	23	24	25
26	27	28				

MARCH

S	M	T	W	T	F	S
			1	2	3	4
5	6	7	8	9	10	11
12	13	14	15	16	17	18
19	20	21	22	23	24	25
26	27	28	29	30	31	

APRIL

S	M	T	W	T	F	S
						1
2	3	4	5	6	7	8
9	10	11	12	13	14	15
16	17	18	19	20	21	22
23	24	25	26	27	28	29
30						

MAY

S	M	T	W	T	F	S
	1	2	3	4	5	6
7	8	9	10	11	12	13
14	15	16	17	18	19	20
21	22	23	24	25	26	27
28	29	30	31			

JUNE

S	M	T	W	T	F	S
				1	2	3
4	5	6	7	8	9	10
11	12	13	14	15	16	17
18	19	20	21	22	23	24
25	26	27	28	29	30	

JULY

S	M	T	W	T	F	S
						1
2	3	4	5	6	7	8
9	10	11	12	13	14	15
16	17	18	19	20	21	22
23	24	25	26	27	28	29
30	31					

AUGUST

S	M	T	W	T	F	S
		1	2	3	4	5
6	7	8	9	10	11	12
13	14	15	16	17	18	19
20	21	22	23	24	25	26
27	28	29	30	31		

SEPTEMBER

S	M	T	W	T	F	S
					1	2
3	4	5	6	7	8	9
10	11	12	13	14	15	16
17	18	19	20	21	22	23
24	25	26	27	28	29	30

OCTOBER

S	M	T	W	T	F	S
1	2	3	4	5	6	7
8	9	10	11	12	13	14
15	16	17	18	19	20	21
22	23	24	25	26	27	28
29	30	31				

NOVEMBER

S	M	T	W	T	F	S
			1	2	3	4
5	6	7	8	9	10	11
12	13	14	15	16	17	18
19	20	21	22	23	24	25
26	27	28	29	30		

DECEMBER

S	M	T	W	T	F	S
					1	2
3	4	5	6	7	8	9
10	11	12	13	14	15	16
17	18	19	20	21	22	23
24	25	26	27	28	29	30
31						

NAME	ADDRESS/PHONE

NAME	ADDRESS/PHONE

ANNE GEDDES®

www.annegeddes.com

First published in 2002 by Photogenique Publishers
(a division of Hodder Moa Beckett)
Studio 3.11, Axis Building, 1 Cleveland Road, Parnell
Auckland, New Zealand

This edition published in North America in 2002
by Andrews McMeel Publishing
4520 Main Street, Kansas City, MO 64111-7701

Produced by Kel Geddes
Printed in China by Midas Printing Ltd, Hong Kong

All Jewish holidays begin at sundown the previous day.

ISBN 0-7407-2998-5